AF284712

Verliebte Verse

Von Frank Kralemann

Buchbeschreibung:

„Verliebte Verse" ist eine Sammlung von Gedichten, die das tiefste und reinste Gefühl der Liebe offenbaren. Sie sind eine Ode an die Frauen, die uns inspirieren, ermutigen und unser Leben bereichern.

Über den Autor:

Frank Kralemann ist ein renommierter Autor, der seit 2006 eine beeindruckende Auswahl an Sachbüchern und Prosa verfasst hat. Als gebürtiger Bewohner des malerischen Teutoburger Waldes schöpft er Inspiration aus der natürlichen Schönheit seiner Umgebung, die sich oft in seinen Werken widerspiegelt.

Verliebte Verse

von Frank Kralemann

1. Auflage, 2023 Frank Kralemann

© 2023 Alle Rechte vorbehalten.

Herstellung und Verlag:

BoD - Books on Demand,

Norderstedt

ISBN: 9783752806052

Einleitung

Es ist ein Gefühl, das uns alle in seinen Bann zieht - die Liebe. Sie entfaltet sich wie eine zarte Blüte, lässt unsere Herzen höher schlagen und verwandelt graue Tage in leuchtende Momente. In diesem Buch sind die schönsten Liebesgedichte vereint, die das ewige Mysterium der Liebe in all ihrer Pracht und Zartheit feiern. Jedes Wort ist ein Liebesbrief an die Frau, an die Seelenverwandte, an die Gefährtin des Herzens.

„Verliebte Verse" ist eine Sammlung von Gedichten, die das tiefste und reinste Gefühl der Liebe offenbaren. Sie sind eine Ode an die Frauen, die uns inspirieren, ermutigen und unser Leben bereichern. Sie sind ein Ausdruck unserer tiefsten Sehnsüchte, Träume und Emotionen, die oft jenseits von Worten liegen. Doch in diesen Versen finden sie ihre Stimme, ihre Melodie und ihre Schönheit.

Mit jedem Gedicht schenken wir unser Herz, unsere Leidenschaft und unsere Hingabe. Wir teilen unsere Ängste, unsere Hoffnungen und unsere Wünsche, und wir entdecken gemeinsam das Geheimnis, das die Liebe umgibt. Lassen Sie sich von den Worten dieser Gedichte verzaubern und tauchen Sie ein in die Welt der Romantik, der Leidenschaft und der Zweisamkeit.

Zwei Augen deine Schönheit zu sehen

Zwei Ohren, um deine Worte zu hören

Zwei Hände, um dich zu fühlen

Ein Mund, der dich küssen muss

Ein Herz, das voll von dir ist

Liebe entsteht aus der Begegnung

Ein Innehalten

Das Herz erkennt sofort die Liebe

Während der Verstand verwirrt ist.

Er versucht sich, zu erklären

Was passiert ist und versagt

Liebe ist ein Gefühl des Herzens

Unser Geschenk

Sehnsucht, dieses kleine Gefühl

Dass mich immer an dich denken lässt

Die Tage, Stunden und Minuten zählt

Bis wir wieder vereint.

Schön, diese Sehnsucht,

Denn sie bringt mich dir nahe

Immer

Kleine Pflanze Liebe

Du bist bei mir eingezogen

Erst habe ich es nicht gemerkt

Dann sah ich die Unordnung

Mein Herz, das vor Sehnsucht schmerzt

Mein Verstand, der nicht mehr denken

kann

Da wusste ich, Du bist da

Ich werde dein Freund sein

Damit du groß wirst

Vernünftig bitte nicht

Herbst

Mein Herz

Die Felder sind leer

Und Bahnen für den Wind geworden

Jetzt ist die Zeit

Für Kerzenschein

Zweisamkeit

Lange Nächte

In denen man sich hält

Sich nahe ist

Geborgen

Herbstliebe

Die Frühlings Liebe war die erste Liebe

Sie war aufregend, alles war neu, ,bunt,

heiß manchmal schnell beendet

Mit der Sommerliebe bekamen wir die

Kinder,

Dann bauten wir ein Haus

Sie war produktiv

Doch einmal war sie aus

Die Herbstliebe ist leidenschaftlich

Erfüllend, wenn man sie gefunden hat,

Wertvoll weil so selten

Wir schätzen Sie und halten sie fest

Mit ihr wollen wir durch den Winter

gehen bis ans Ende der Zeit

Wir fallen gemeinsam

Ich halte dich dicht bei mir

Du vertraust

Wir sprangen gemeinsam in die Tiefe

Loslassen alles

Die Liebe hat uns gehalten

Sie ist bedingungsloses Vertrauen

Als die Liebenden steigen wir wieder in

Die Welt

Verschwende Dich,

Gib dich mir ganz

Halt nichts zurück

Lass uns die Fülle leben

Dieser Moment gehört der Lust

Sich geben und nehmen

Einmal kommt die Dunkelheit

Bis dahin möchte ich mit dir im hellen

Licht sein

Ich liebe dich

3 kleine Worte

Doch dahinter steht

Ein Versprechen

Eine Hoffnung

Eine Zukunft

Eine Liebe

Ein Leben

Du Schöne

In meinen Träumen spielst du die Haupt-

rolle

Liebe allein, geht nicht

Romeo hat Julia

Dr Schiwago liebt Lara

Du Schöne

Mein Herz sehnt sich nach dir

Deine Schönheit ist Salbe für mein Auge

Dein Bild ist für immer in meinem

Herzen

Du Schöne

Dir sag ich die drei Worte

Ich liebe dich

Begehren, verzehren, sehnen

Haben wollen

Nicht ohne dich leben können

Verzaubernd, bezaubernd

Betörend, verführend

Ich versuche zu sagen,

Ich will dich

Eine Rose muß erst reifen,

Dann öffnet sich die Blüte

Der Sonne zu

Jetzt zeigt Sie ihre Pracht.

Zugleich bedeutet der Punkt höchster

Schönheit

Ihren Abschied

Ich brenne für dich

Erst unbemerkt außer der Wärme

Da war diese kleine Flamme

Herzgegend, Schwelbrand

Ich wusste, dass must Du sein

Sehnsucht, Liebe, Begehren

Alles

Dann stand ich in Flammen

Lichterloh,unlöschbar

Das ist gut so

Ich will ewig brennen

Mit dir

Mein Herz

Wie sich das Meer

Im Sturm in der Brandung bricht

So ist meine Liebe zu dir

Stürmisch und stark

Das Meer kann auch leise sein

Es ist immer da

So ist meine Liebe zu dir

Ewig

Ich möchte dass Du, das weißt

Immer

So wie ich meine Liebe zu dir

In meinem Herzen trage

Und einen Kuss auf den Lippen

Der auf Dich wartet

Du streifst über leere Felder

Spielst dann wieder mit den Wolken

Dann besuchst du uns

Wir sitzen im Schatten

Trinken süßen Wein

Lachen und küssen uns

Du streichelst mit einem warmen Hauch

über unsere nackte Haut danke schön, dass

es dich gibt

Sommerwind

Liebe ist Vereinigung

Liebe ist Hoffnung

Liebe ist Verschwendung

Liebe ist Verbindung

Zum Leben, zur Welt, zu Dir

Zu lieben bedeutet

Radikal zum Leben ja sagen

Mit Allem was ist

Sehnsucht

Eine Hand die eine Andere halten

möchte

Ein Arm der im Dunkeln eine Schulter

Sucht

Nachts wach werden und nicht wissen

Warum

Fragen, die keine Antwort bekommen

Ein Herz, das langsam schlägt und doch

Tanzen möchte

Sehnsucht

Ein Wort, dass Viele ist

Zweifel nicht

Wenn du auf dem Weg bist, geh weiter

Zweifel nicht, welcher Weg richtig ist

Jede Richtung bringt dich wohin

Und er ist richtig

Ganz sicher

Denn es entstehen immer Möglichkeiten

In denen wieder Geschichten geboren

werden

In denen du leben kannst

Wenn du in Bewegung bleibst

Darum geh los

Sieh die Geschenke

Pflücke das Leben, das sich dir darbietet

Sei Mutig

Dem Mutigen gehört die Welt

Ein Wort

Ein Satz kann alles sein ein Versprechen,
eine Drohung eine Information, eine Bitte
Es ist ein Wort
Liebe ist kein Wort, sondern das höchste
Gefühl
Eine Welt erbaut von zwei Herzen die
sich versprochen haben
Von nun an gemeinsam zu sein
Nicht nur in den guten Tagen für den
anderen da zu sein
Bedingungslos

Mut

Heißt nicht, keine Angst zu haben

Sondern trotz Bedenken nicht zu zögern

in das Leben hinein zu springen

Die Fülle zu leben das höchste Gefühl

Auch bereit das Risiko des Fallens

Wenn es so ist bewusst anzunehmen

Wer hochsteigen will

Muss auch den Absturz Wollen

Der Mensch ist immer unbestimmt in

seiner Existenz

Er will Konstanz

Die es für ihn nicht geben kann

Nur wenn er bereit ist loszulassen

Kann er wirklich frei sein, dann sieht er

Die Weite der Welt vor dem Hintergrund

seiner bedingten Existenz

Fragst du, was Liebe ist

So weiß ich es nicht

Wie liebe schmeckt

Wie Sehnsucht brennt

Wie das Herz, schneller schlägt

Wenn du nahe bist

Das kann ich dir sagen

Was Liebe ist

Liebe ist Alles

Sein

Da sein

Verliebt sein

Geliebt sein

Zusammen sein

Eins sein

Sein

Der Tag wird kommen
Der aus seinem Ende
Die Nacht für uns bereitet
Unsere Nacht
Die uns umhüllt
Die Liebenden
Zwei Körper
Eine Lust
Schattenspiele
Voll von Liebe

Zwei Zuckerstückchen

Wollten sich lieben

Sind in ein Glas Wasser gestiegen

Jetzt sind sie eins

Süss

Da Sein für dich

Dir nah sein

Dich halten

Mehr nicht

Annehmen, angenommen werden

Loslassen

Eins werden in der

Liebe

Das Ende der Sehnsucht

Ist das Ankommen

Empfangen werden

Innehalten

Den Ursprung der Sehnsucht

Die Polarität

In der Vereinigung leben

Da bist du, dicht

Ich fühle Dich, bevor ich Dich berühre

Ich erfasse dich mit allen Sinnen

Bin voll von Dir

Ich spüre die Erregung

Das Herz schneller

Das Dich wollen

Nehmen und genommen werden

Kontroll Verlust

Es gibt nichts zu sagen

Lust braucht keine Worte Küssen jetzt

küssen Die Zeit verschwindet

Das Denken, weg

Nur küssen

Halten

Versinken, verschmelzen

Weiter und weiter

Schneller, tiefer, härter

Keine Rose gleicht der anderen

Und doch ist jede perfekt

Schönheit ist einzig

Wie auch Du

Rose meines Herzens

Wunderschön und einzigartig

Eine Göttin

Egal wo ich hinschaue

Immer sehe ich dich

Mal geht es schnell

Dann dauert es etwas länger

Du bist da

Der Hintergrund verschwindet

Ich weiß, es kann nicht sein

Kommt wahrscheinlich weil ich

Dich mir so sehr wünsche

Komm

So, wie du bist

Sehnsucht ist ein Zustand

Unerfülltem Verlangens

Leere des Bettes

Bei voll Liebe erfülltem Herz

Ich fühle den Schmerz

Du kannst ihn lindern

Komm

Eine gute Nacht
Die wünsche ich Dir
Warm zugedeckt
Mit schönen Träumen
Vielleicht mit mir
Ich schicke Dir viele Küsse
Zur Nacht

Bald schlafen wir
Wieder Hand in Hand

Wenn du wüsstest, daß es das letzte Mal ist

Wie würdest du küssen

Ich liebe dich,sagen

Sich von den Eltern verabschieden

Deinen Kindern Lebewohl sagen

Das letzte Mal schlafen gehen

Den blauen Himmel sehen

Irgendwann kann jetzt oder morgen sein

Manchmal habe ich keine Worte

Dann berührst Du mich direkt

Es ist eine Verbindung ohne denken

Spüren, Sein, fühlen, halten

Zwei Herzen verbunden im Sein

Ohne Zeit

Für mich bist Du die Welt

Es gibt nichts anderes mehr

Dich

Zärtlichkeit

Streicheln und fühlen

Eins

Worte sind dann zuviel

Ein Buch ist ein Acker

In den Sätzen legt der Autor den Samen

Der in den Herzen der Leser wachsen soll

In meinem Buch ist es Liebe

Die in deinem Herzen wächst

Liebe kann man nicht erklären

Es ist eine Geschichte

Die von 2 Herzen geschrieben wird

Wobei das Papier unser Leben ist

Die Tinte besteht aus Zärtlichkeit

Liebe ist ewig

Warum ich dich so liebe

Das Papier würde nicht reichen

Alles niederzuschreiben

Zwei Gründe in der Kürze

Eins, Du bist wunderschön

Zwei, mein Herz gehört Dir

Einsam stehst du auf der Wiese

Hast deinen weißen Schirm gespannt

Wartest auf den Sommerwind

Er soll deine Kinder tragen

In die weite Welt

Dort sollen sie werden, was sie waren

Löwenzahn

Worte sind Bilder

Die mein Herz mit

Feinem Pinsel malt

Die Sprache nutzt

Um daß, was es fühlt

In ein Bild zu kleiden

Das dein Herz berührt

Meine Sehnsucht spürt

Es war einmal ein Mäuschen

Sein Name war Kläuschen

Jetzt heißt er Klaus

Ist eine Maus

Die Moral von der Geschicht

Es dauert etwas

Dann ist Mäuschen, Maus

Eis essen ist toll

Wie es im Mund

Die Konsistenz wechselt

Dabei seinen Geschmack entfaltet

Wenn du dabei bist

Verdoppelt sich der Genuss

Das Auge isst mit

Dämmerlicht

Ich mag die Dämmerung

Der Tag geht

Schatten werden länger

Die Sonne schickt

Einen letzten dunkelroten Gruß

Dann beginnt die Nacht

Sie ist ein Versprechen

Das eingelöst werden will

Immer wieder

Die letzte Nacht hat keinen Morgen

Die Liebe ist scheu

Schnell verunsichert, versteckt Sie sich

Manchmal hinter Grobheiten

Sie möchte nicht verletzt werden

Oft geht Sie auch im Alltag verloren

Weil Sie einfach vergessen wurde

Wenn Du Sie dann suchst

Geduldig und bereit bist

Dann kommt Sie zu Dir zurück

Tipp: Sie mag es wenn du ihr

Viel Liebe gibst Ihr zeigst, wie groß deine

Liebe ist

Bis zum Himmel

Du bist fort gefahren

Hast deine Schönheit, Wärme

Liebe und Knospen mitgenommen

Mir bleiben Sehnsucht, Hoffnung

Und Erinnerung an Nächte voller

Wärme, Küsse, kuscheln, lachen

Jetzt fange ich wieder an zu zählen

Wie lange es dauert bis die Liebe

Wieder bei mir ist

Sehnsucht ist ein gutes Zeichen

Für Liebe

Liebe vertraut

Liebe bindet

Liebe macht schwach

Liebe ist stark

Liebe kann man nicht beschreiben

Liebe fühlt man

Wenn man liebt

Liebe hat alle Farben

Im Frühling Grün

Im Sommer trägt Sie gerne Orange

Um im Herbst ein dunkles Rot zu zeigen

Liebe ist alle Buchstaben

A&O

Liebe spricht alle Sprachen

Am liebsten sprich Sie über sich selbst

Liebe

Menschen müssen loslassen

Das, was Sie gerne behalten möchten

Ihre Jugend, die Nächsten, Gesundheit

Leben

Das Einzige, was uns bleibt

Ist die Liebe

Sonst ist alles nur geliehen

Je eher wir das akzeptieren

Desto mehr schätzen wir

Was wir haben

Es gibt schöne Frauen

Es gibt interessante Frauen

Es gibt intelligente Frauen

Und es gibt Dich

Die Einzige

Wieviel Leben ist in Dir

Dein Hafen ist für dich gemacht

Das Schiff, das dich einst in die Welt

gefahren hat

Dümpelt vor sich hin

Es verrottet

Weil Du es nicht benutzt

Was willst du dem Gott, den du selbst

erschaffen hast sagen

Was du mit diesem Restleben tun willst

Angst erdrückt dein Herz

Kettet dich ans Jetzt durchs Gestern

Steh auf, las alles los

Du brauchst keine Schätze

Zukunft braucht Mut

Und Aufbruch

Einst wolltest du Zukunft

Die Welt erobern

Heute freust du dich über ein Angebot im
Supermarkt

Früher gingst Du allein durch die Nacht

Nicht ankommen, sondern unterwegs
sein war dein Ziel

Du hattest Hoffnung

Wo heute Sorge ist

Vor Jahren wolltest du die Welt verändern

Jetzt sorgst du dich um Heizung

Was ist aus dir geworden

Angst und Sorgen

Hab Mut

Es gibt immer Hoffnung

Solange es ein Leben gibt

Ich warte auf dich

Ich weiß Du wirst kommen

Es kann noch Tage oder Stunden dauern

Es ist nur eine kleine Zeit

Wo ich mein Leben auf dich gewartet

Habe

Jetzt beginnt eine neue Geschichte

Sie endet nie

Manche Menschen warten

Sie warten auf

Eine Gelegenheit

Das die Umstände besser werden

Die Umstände sind eben Umstände So

warten sie ihr Leben zu Ende

Ich weiß nicht was es ist

Lebensangst

Paradox

Sie verlieren ihr Leben

Aus Angst vor dem Leben

Nicht gelebt zu haben

Bei vollem Bewusstsein

Ist lebendig tot sein

Schönen Urlaub wünsche ich dir

Erholung, Kultur, guter Wein

So soll dein Urlaub sein

Doch ist dein Platz in meinem Herz

Es fühlt jetzt einen leichten Schmerz

So wünsche ich dir auf meine Weise

Eine gute Reise

(PS. Freu mich wenn wir wieder vereint)

Mein Museum der Hoffnung

Hat verschiedene Räume

Einer ist für vergessene Träume

Er ist groß

Andere Räume sind mit verpassten

Möglichkeiten und falschen Entschei-

dungen voll

Es gibt einen neuen Raum

Hoffnung, Liebe, Zukunft

Dort bist Du

Lieben kann man nicht alleine

Liebe ist kein Solospiel

Liebe gibt es nur mit dir

Liebe macht aus uns ein wir

Liebe ist gekommen, um zu bleiben

Liebe hat drei Worte

Ich liebe dich

Abstand halten

Wir müssen Abstand halten

Zu nah wäre verschmelzen

Eins sein

Das ist der Tod des Begehrens

Man kann nicht begehren

Was man selber ist

Ich will dir nicht fern sein

Sondern nah

Aber nicht Du sein Anders

Es gibt eine Grenze zwischen uns

Die ist immer da

Liebe ist die Verbindung

Ich will dich

Du willst

Dass ich dich will

Das ist kein paradox

Das ist Verlangen und Begehren

Schön ist wenn Liebe dabei ist

Es geht auch ohne

Dann ist es Leidenschaft

Du und ich

Ein Gedicht

Ohne Worte

Schön anzusehen

Wenn wir gemeinsam gehen

Hand in Hand

Durch alle Zeiten

Sinnenvoll

Liebe ist einfach toll

Masterplan

Die meisten Menschen haben Pläne

Wenn man Sie fragt

Wenn man sieht, was Sie tun

Fragt man die Falschen

Frag nicht nach dem Sinn des Lebens

Es gibt keinen

Frag nach dem, was dir Freude macht

Frag nach Bedeutung

Was macht dein Leben wertvoll

Und

Leben sollte nicht nach

Praktikabel ausgerichtet sein

Sondern

Nach Intensität und Lust

Warum lange leben

Wenn es langweilig ist

Liebe suchen

Viele Menschen sind auf der Suche

Nach Liebe

Liebe kann man nicht finden

Die Liebe findet dich

Liebe mag keine Bedürftigkeit

Liebe mag keinen Zwang

Sie will spielen und leicht sein

Liebe mag starke Menschen

Weil Liebe selber stark ist

Morgen brenne ich

Morgen renne ich

Heute ist mir kalt

Heute bin ich Alt

Morgen aber ganz bestimmt

Heute war gestern morgen

Lebe begeistert, jeden Tag

Mach dein Leben schön

Es ist dein Tag

Entdecke ständig Neues

Umgebe dich mit Schönheit

Brenne für das, was du tust

Gib dein Bestes

Sei die beste Version von Dir

Es ist deine Entscheidung

Barfuß oder Lackschuhe

Feuer oder Asche

Halt mich

Halt mich, wenn ich bei dir bin

Halt mich, wenn ich weine

Halt mich, wenn ich gehen will

Halt mich, wenn ich schweige

Halt mich

Ich liebe dich

Lass uns eine Welt bauen

Für dich und mich

Einen Himmel und ein Haus

Lass Rosen wachsen rundherum

Den ganzen Tag soll Sonne scheinen

Nachts der volle Mond

Ich will dich auf meinen Händen tragen

Auch wenn wir Alt

Du wirst immer eine Hand haben

Jemand, der für dich sorgt

Und ein Herz

Mein Herz

Ich liebe dich

Das wollte ich dir einmal anders sagen

Wegen Dir schlägt mein Herz schneller

Wegen dir spüre ich die Sehnsucht

Wegen dir werde ich ein besserer Mensch

Wegen dir habe ich Herzschmerz

Wegen dir ist mein Leben schöner

Wegen dir kann ich nicht schlafen

Nur

Mit Dir

Glühwürmchen blinken

Um ihre Liebste zu finden

Für immer sich zu binden

Mein Herz kann nicht blinken

Doch diese Zeilen dir schreiben

Sie sollen dir meine Liebe künden

Ich will mich auf ewig binden

Liebe hat keine Zeit

Alleine sind wir Frau und Mann

Sterne am kaltem Himmel

Verloren in der Welt

Zusammen sind wir ein Haus

Gebaut aus Sehnsucht und Hoffnung

Geborgen in der Liebe

Einander ein Zuhause

Wagen

Liebe lässt dein Herz schneller schlagen

Liebe lässt dich verrückte Dinge wagen

Liebe lässt dich Liebes sagen

Liebe lässt dich nach Liebe fragen

Liebe ist eine Welt

Unsere Welt

Du machst dir die Welt aus

Worten

Orte die deinem Leben Sinn

Und Zusammenhang geben

Manche Worte sind eine Beschreibung

Andere wieder eine Welt

Manche Worte sind nicht groß genug

Für das, was sie beschreiben wollen

Wie Liebe oder Tod

Sie muss man erfahren oder darin

Sein

Ich brauche Abstand

Das Gefühl, dich nicht haben zu können

Um dich zu wollen

Mich nach dir verzehren

Im unerfülltem Begehren

Gespannt wie ein Gummiband

Ein Spiel

Ein Necken

Ein Locken, dass uns ins Bett bringt

Mein Bauch ist rund

Damit die Schmetterlinge

Die darin schlafen

Platz zum Schwärmen haben

Wenn unsere Liebe sie

Wieder erweckt

Schlaf

Sich in sich selbst zurück ziehen

Um sich zu verlieren

Versinken

Dann eine Geschichte finden

Oder erfinden

In der man aufgehoben ist

Ein Traum

Auf der anderen Seite der Nacht

Erfrischt erwacht

Was ist das für ein Gefühl

Wenn einem der Boden

Unter den Füßen wegbricht

Was denkt man

Kurz vor dem Aufschlag

Angst, Erstarren, Panik

Oder Ruhe

Anhalten

Du fällst nicht

Vermeide Gruben

Wenn ich nur vier Worte sagen könnte

Um dann für immer zu schweigen

Wäre das:

Ich liebe dich

Immer

Zukunft hat zwei Bedeutungen

Einmal trennt Sie das morgen

Vom Heute doch in Wirklichkeit ist

Zukunft

Ein Sehnsuchtsort

Ein Ort wo unsere Träume wirklich sind

Der uns Hoffnung gibt

Eine Brücke die uns vom Schmerz des

Jetzt

In ein besseres Leben bringt

Diese Zukunft braucht Hoffnung

Die Welt ist schön

Doch Schönheit bietet sich nicht an

Sie will entdeckt werden

Ich habe es leicht

Wenn ich dich anschaue

Habe ich die Schönheit gefunden

Du lachst

Viele Küsse auf deinen Erdbeermund

Du wundervolle Frau

Dich zu sehen zaubert

Immer ein Lächeln in mein Gesicht

Zusammen mit dir werden Nebeltage

Zu Orten der Freude und Berührungen

Wieder getrennt ist es

Als hätte jemand die Heizung

In meinem Herz ausgestellt

Kalt

Wie es ist eine Erdbeere zu essen

Kann man nicht beschreiben

Man muss es tun

Deine kleinen Küsse kann ich

Auch nicht beschreiben

Heiß, scharf, wollen wiederholt werden

Versprechen mehr

Bald wird wieder geküsst

Ich habe dich gewollt

So wie du bist

Du bist nicht einfach in mein Leben

Reingerutscht

Liebe ist auch eine Entscheidung

Liebe ist alles

Liebe ist immer

Liebe ist bedingungslos

Liebe ist Schmerz

Liebe ist Lust

Liebe ist Verlangen

Liebe hat deinen Namen

Du bist in meinem Herzen

Der Anfang der Liebe

Ist das Erkennen

Deinen Menschen gefunden zu haben

Die Aufgabe ist

Mit ihm zusammen zu kommen

Euer Leben zu verbinden

Diese Liebe Voll-Enden.

Ein Ende der Liebe gibt es nicht

Sex ist beliebig

Liebe nicht

Sie ist einzig

Die Ruhe

Ist nicht die Abwesenheit von Lärm

Sie ist eine Blume

Die in der Stille wächst

Sie braucht Zeit und innere Einkehr

Die Ruhe der Seele

Wächst wenn der Geist ruhig, ist

Sorgen und Grübeln müssen ihre Nester

woanders bauen

Liebe hilft

Liebe ist die Erklärung

Für ein unordentliches Gefühl

Von Begehren, Verbindung und

Dem Wunsch, dass dieses Gefühl

Für immer ist

Liebe ist das Wort

Für etwas, das eine Welt ist

Eine Welt deren Grund

Die Polarität ist

Die nie überwunden werden kann

Weil wir zwei Menschen sind

Was bleibt, ist Dankbarkeit

Für die Zeit des Einsseins

Ohne Du kein Wir

Kein Dein kein Mir

Du ohne Dich kein Ich

Du bist

Und ich

Sind

Liebe

Wo beginnt die Liebe

Wo beginnt das Meer

Mit der Sehnsucht der Wolke

Die zum Meer wird

Bei der Liebe ist es die

Sehnsucht der Herzen

Liebe geben

Liebe nehmen

Ich will nicht dein Freund sein

Sondern dein Mann

Ich bin nicht nett, sondern scharf

Wir haben keine Beziehung,

Dafür lieben wir uns leidenschaftlich

Statt Routinen erleben wir Abenteuer

Ich brauche dich nicht

Ich will dich

In meinem Herzen gibt es viele Zimmer

In einigen wohnen Liebe, Trauer, Angst

Alles was ein Herz braucht

Andere sind bewohnt von Lieblingsmen-

schen

Manche bleiben für immer

Wie meine Mutter

Vor einiger Zeit ist jemand eingezogen

Einfach so

Das warst Du

Es ist schön dich im Herzen zu tragen

Jetzt bist du immer bei mir

Manchmal verlaufe ich

Wie ein Klecks auf Papier

In alle Richtungen zieht es mich

Ein tanzendes Tintennetz

von

Träumenden Spinnen gewebt

Vielleicht gibt es ein Muster

Was wäre, wenn das Netz lebt

Deine Liebe ist bei mir

Immer

Sie begleitet mich

Sie zweifelt nicht

Wenn ich arbeite, ist sie neben mir

Manchmal reden wir

Schlafe ich, träumt sie in mir

Morgens weckt sie mich zart

So schön deine Liebe zu haben

Weil deine Liebe meine Liebe ist

Allein sein

Zwei sein

Eins sein

Sein

Du Blume meiner Liebe

Ich möchte dich immer nehmen

Mal wie der Ackermann

Der im Frühling den feuchten Boden

bricht

Um den Samen in die offene Furche zu

legen

Mal wie der Gärtner

Der eine Rose pflanzt

Dafür den Boden vorbereitet

Lockert und düngt

Damit die Rose gelingt

Wenn Liebe ein Tropfen wäre

Mein Herz die Quelle

Dann hättest Du ein Meer

Mit dich liebenden Wellen

Wenn Liebe ein Stern wäre

Dann wäre deine Nacht hell

Die Sterne würden dir leuchten

Deine Nacht mit Liebe füllen

Wenn Liebe ein Buchstabe wäre

Dann hättest Du eine Geschichte

Die von Sehnsucht, Begehren

Und Erfüllung handelt

Da die Liebe nichts von alledem ist

Hast du mein Herz, meine Hand

Diese Zeilen

Und meine tiefe Sehnsucht nach dir

Ich liebe dich

Traurig

Du bist fort

Mein Bett ist ein leerer Ort

Wie mein Herz

Es gibt diesen Schmerz

Vorfreude wechselt mit Abschied

Immer wieder

Ich mag deine Nähe

Du fehlst

Ich will dich

Gib dich mir

So wie Du bist

Ich werde dich lieben bis ans Ende der

Zeit

Ich werde alles mit Dir teilen

Mein Leben

Lust und Schmerz

Ich werde dich halten, wenn du willst

Wenn du traurig bist, küsse ich deine

Tränen weg

Wenn du lachst, küsse ich dich vor

Freude

Du sollst immer bei mir sein

So das Ich dich hören kann

Ich möchte deine Schönheit sehen

Tag und Nacht

Nachts möchte ich Hand in Hand mit dir

einschlafen

Verschwende dich für mich

Gib dich mir ganz

Deine Lust,deine Leidenschaft,

Dein Begehren

Halt nichts zurück

Lass uns gemeinsam die Wellen auskosten

in den Tälern Luft holen

Lass dich Treiben

Auch ohne Boden unter den Füßen

Vertrau der Liebe, sei die Lust

Wir werden gehalten

Als die Liebenden auferstehen

Liebe zählt nicht

Keine Kilometer

Keine Zeit

Kein Geld

Liebe kann nicht rechnen

Nur wieder Liebe machen

Das ist ihre Bestimmung

Lieben

Liebe verschwendet sich

Wenn es Liebe ist

Liebe braucht das Du

Um im wir zu sein

Liebe will sich teilen

Liebe fließt, um zu bleiben

Manchmal habe ich das Gefühl

Du bist nah

Im Raum

Wenn ich mich umdrehe sehe ich dich

Ich weiß

Es ist anders

Doch Du bist nah

Weil du ein Teil

Meiner Seele bist

In meinem Leben, Denken, Herz, Zeit

Sein

Du bist so nah

Oft bin ich alleine

Meist merke ich es nicht

Bin beschäftigt

Manchmal schon

Dann vermisse ich dich

Deine kleinen Küsse

Die schöne Hand

Deinen weichen Körper

Dein ruhiges atmen in der Nacht

Dich

Dann, wenn ich dich denke

Dir ganz nahe bin,dicht

Freue ich mich

Bin nicht mehr alleine

Weil Du mit mir bist

Denkwege

Losgehen

Gehen ohne Ziel

Wohin der Weg führt

Schwere Wege

Mit unsicherem Grund

Breite und schmale

Es gibt keine Umwege

Kein verlaufen

Nur Wege

Einfach gehen

Vertrau

Dann passiert es, wenn du loslässt

Einst gingen Sie gemeinsam

Alles war neu

Wundervoll

Dann wurde Neues Alltag

Wunder normal

Selbstverständlich

Bis einer langsamer wurde

Dann verloren Sie sich

Man weiß erst zu schätzen

Was nicht mehr da ist

Ich schwebe

Mit dem Kopf in den Wolken

Die Füße über dem Asphalt

Wo ist oben und unten

Egal

Wenn man den Halt verloren hat

Wenn du eine Wunde hast

Lass Sie in Ruhe

Es braucht Zeit

Um zu heilen

Es wird jucken

Kratz dich nicht

Halte aus

Es wird besser

Die Zeit heilt alle Wunden

Alle

Sehnen, suchen

Sehnsuchen

Ich habe dich gefunden

Es ist Liebe

Ich möchte Nähe

Mach es uns einfach

Schmeiß weg was, trennt

Komm wie du bist

Willkommen, ich will dich

Gesucht, gefunden, bleib

Für immer

Mein Herz, bald wird die Mauer der Zeit

Die unsere Körper und Seelen trennt

Zur Gegenwart und zerbricht

Dann wird aus Sehnsucht Leidenschaft

Ich werde dich halten und küssen

Lieben

6 Buchstaben

Lust

Intensiv

Ewig

Berührt

Eins

Nah

Liebe ist

Nicht Besitz

Sondern Teilhabe

Nicht Eifersucht

Sondern Vertrauen

Nicht Enge

Sondern Weite

Hingabe, Leidenschaft, Vertrauen, Freude

Hoffnung zu zweit

Wenn die Liebe dich berührt Ist das

Wie eine Perle die in einem

Sektglas nach oben steigt

Prickelnd

Ein Komet der seine Bahn zieht

Unaufhaltsam

Ein Blitz

Schön und stark

Aber auch wie ein Sommer Regen

Der den trockenen Boden

Wieder zum Leben erweckt

Eine Rose, die ihre Blüte öffnet

Ein Moment der so nie wieder kommt

Liebe

Kennst du noch die Zeit

In der du staunen konntest

Wo wünschen half

Jetzt lerne ich das Staunen wieder

Wenn du neben mir liegst

Deine Schönheit, Wärme und Liebe

Sagen mir

Wünschen hilft

Manchmal, wenn ich träume Reise ich mit
einem Schiff
Auf dem Meer der Erinnerung (das mein
Leben ist)
Hier gibt es viel wieder zu finden
Glückliche Stunden mit Mutter
Auch dunkle
Scheitern ist ein Lernprozess
Vom Meer der Erinnerung
Geht es zu dem Meer
Der Freude, Liebe und Hoffnung
Hier bist du
Dein Schiff wartet schon
Gemeinsam geht unsere Lebensreise
weiter
Zu wunderbaren Abenteuern
Begleitet von Liebe, Leidenschaft
Gemeinschaft
Der Schaum der Liebe ist die Sehnsucht